HIPPOLYTE CASTILLE

Paris. — Typ. de Gaittet et Cie, rue Git-le-Cœur, 7.

Carey, sc.

CASTILLE

Publié par G. HAVARD.

Imp. de Mangeon, 69 r. St Jacq Paris.

LES CONTEMPORAINS

HIPPOLYTE CASTILLE

PRÉCÉDÉ

D'une lettre de M. Veuillot,
relative à sa propre biographie, et de la réponse
de l'auteur

PAR

EUGÈNE DE MIRECOURT

PARIS
GUSTAVE HAVARD, ÉDITEUR
BOULEVARD DE SÉBASTOPOL
rive gauche

1858

CHRONIQUE DES CONTEMPORAINS

Le *Moniteur du Loiret*, journal publié à Orléans, ayant commencé à reproduire notre biographie de Louis Veuillot, monseigneur Dupanloup, dans une lettre dictée par le sentiment évangélique le plus respectable, pria le rédacteur en chef de vouloir bien suspendre cette reproduction.

Comprenant les scrupules de l'illustre prélat, que M. Veuillot jadis a si peu ménagé, le *Moniteur du Loiret* fit preuve de respectueuse déférence : il ne donna pas la suite de notre notice à ses lecteurs.

M. Veuillot aurait dû être enchanté de cette interruption toute à son avantage. Point.

Voici la lettre qu'il écrivit à M. Lavedan, rédacteur de la feuille orléanaise.

« Monsieur,

« Il vous a paru piquant de reproduire, à l'usage de mes compatriotes du Loiret, un écrit où je suis *insulté comme homme de la manière la plus brutale, comme fils de la façon la plus cruelle*. Sans me connaître, sans chercher aucune information, sans vous demander si l'auteur de cet écrit méritait la *moindre confiance*, et lorsque tout, au contraire, vous annonçait la *diffamation* et l'*injure*, vous vous êtes jeté sur le libelle, et vous en avez rempli votre journal.

« Vous vous êtes permis en votre propre nom de me traiter de CONDOTTIERE, c'est-à-dire, si vous connaissez la valeur du terme, d'homme sans conscience et mercenaire, mettant sa plume au service de qui la paye; car c'est ainsi que le CONDOTTIERE trafiquait de son épée.

« J'aurais souffert cela en silence si vous aviez continué, de même que je souffre tous les jours beaucoup de choses semblables. Je vous aurais laissé contribuer ainsi, selon vos moyens, monsieur, à l'œuvre générale qui rend *la presse si utile aux mœurs publiques et si recommandable aux honnêtes gens*. Mais, prêt à supporter toute l'injure, il ne me plaît pas d'y laisser ajouter une réparation insuffisante, *accordée comme marque de respect à la charité d'un tiers* qui demande que l'injure cesse par considération pour lui.

« La lettre de monseigneur votre évêque et vos commentaires m'obligent à protester contre cette *forme de charité* que je n'ai sollicitée de personne, et que je n'accepte point de vous.

« Le vénérable prélat n'a sans doute lu ni l'écrit tout entier, ni même le morceau que vous avez publié. Il ignore que son *témoignage y est exploité* comme une sanction des injures dont je suis l'objet. Autrement il ne nommerait pas tout simplement UNE BROCHURE SUR M. VEUILLOT, sans aucune expression de blâme, cet *amas de diffamations* formé par une main qui n'a pas craint de blesser le *sentiment filial.*

« Sa Grandeur vous aurait dit que,

quels qu'aient été les torts de M. Veuillot dans la discussion de certaines questions libres de littérature, de politique, d'histoire ou même de religion, ces torts (sur lesquels d'ailleurs tout le monde n'est pas du même avis) ne pouvaient autoriser *M. Jacquot (né à Mirecourt)* à écrire *sur ma mère le passage* que vous avez offert à la curiosité de vos lecteurs, ni vous, monsieur, à reproduire de telles grossièretés et à me qualifier de CONDOTTIERE, ainsi que vous dites.

Quant à ma très-*vénérée* mère, sachez, monsieur, qu'elle a travaillé, comme son mari, pour élever, sans demander secours à personne, *quatre enfants qui n'ont jamais rougi d'elle ni de leur nom*. Sachez et publiez, pour expier votre injure, que, dans son humble condition, cette digne et vaillante femme sut enseigner à ses enfants l'amour de la justice et le courage dans la pauvreté.

« Quant à moi, informez-vous si j'ai fait des *écrits anonymes* ou *pseudonymes*; tâchez de savoir si, même avant d'être chrétien, j'ai reproduit des libelles diffamatoires ou par haine contre mes adversaires ou pour amuser mes lecteurs; voyez si j'ai un *dossier à la police correctionnelle*; priez monseigneur votre évêque de vous dire si j'ai coutume de changer d'opinion par intérêt; si c'est l'intérêt qui m'a fait entrer dans la rédaction de l'UNIVERS; s'il est vrai, comme l'affirme votre auteur, que l'UNIVERS a été *subventionné par Louis-Philippe*, et l'ait été auparavant par *les grandes dames du faubourg Saint-Germain*. M. l'abbé Dupanloup a parfaitement connu les affaires de la *presse catholique* et, très-bien su comment et de quoi elle vivait. Il peut vous donner les renseignements les plus exacts, je m'en fie à son équité. . . . . .

« Je m'arrête, monsieur, je ne veux pas

user de tout mon droit. Il me suffit d'avoir refusé la grâce que vous vous croyez engagé à me faire; je ne vous forcerai pas à publier mon apologie. Cela ne serait pas assez piquant pour vos lecteurs, et je crois n'en avoir pas besoin. Dans tous les cas, je dirai comme monseigneur votre évêque : LE REMÈDE AU MAL (si l'écrit en question doit me faire du mal) N'EST PAS LA. Votre reproduction interrompue, la lettre de monseigneur, celle-ci, tout cela fait au contraire les *affaires* de M. Jacquot. Il a ainsi ce qu'il cherche, et vous pouvez maintenant, profitant de ses complaisances, vous enrichir du reste de son écrit sans craindre que je réclame; le plus amer est passé.

« Il y a un remède pourtant. Ce remède infaillible, qui me fortifie en dépit de tous les procédés exceptionnels dont on use envers moi, je n'ai besoin de le demander à personne : il est en ma possession; personne ne peut me l'ôter. Pour le passé, c'est la *parole souveraine et sacrée* qui a relevé, il y a trois ans, l'œuvre à laquelle je travaille, lorsqu'elle était quasi abattue. Pour l'avenir, c'est le ferme dessein où je suis de *poursuivre ma route*, d'aller à mon but, sans donner raison à la *calomnie*, et sans perdre plus de temps qu'il ne faut à panser ses *viles morsures*.

« Agréez, etc.

« LOUIS VEUILLOT. »

Le rédacteur en chef du *Moniteur du Loiret* a répondu par les réflexions suivantes :

« Nous sommes profondément étonné de voir M. Louis Veuillot, qui a fait un si déplorable abus de l'insulte, venir se plaindre de ce qu'un biographe se soit servi contre sa personne de l'*arme* avec laquelle lui-même attaque tout le monde.

« Que le rédacteur en chef de l'*Univers* nous permette de lui exprimer ici toute notre pensée.

« Quand on a, comme lui, occupé sa plume avec tant de passion et pendant si longtemps à outrager, non-seulement ses adversaires, dont il a fait des ennemis irréconciliables de la religion elle-même, mais encore les hommes les plus honorables et les plus dignes de respect, MM. de Montalembert, de Falloux, Lenormant, Nicolas, Foisset, le Père Lacordaire, etc., on a perdu le droit de se plaindre d'être *outragé* à son tour, et on a pour ainsi dire autorisé d'avance et légitimé toutes les représailles.

« M. Louis Veuillot annonce « le ferme « dessein où il est de poursuivre son œu« vre; » nous le regrettons vivement, mais nous nous en consolons par la pensée que les scandales finissent toujours par avoir un terme.

« LÉON LAVEDAN. »

Cette réponse est courte ; mais elle est pleine de logique et de vérité.

Seulement, le rédacteur a tort de dire que « nous nous servons contre M. Veuillot de l'*arme* avec laquelle lui-même attaque tout le monde. » Nous tenons à prouver que nous ne sommes coupable ni d'insulte ni d'outrage envers le fougueux polémiste de l'*Univers*, et voici la lettre que nous lui avons envoyée, le jour même où le *Moniteur du Loiret* est parvenu entre nos mains.

A MONSIEUR LOUIS VEUILLOT.

Paris, 25 février 1856.

Monsieur,

Vous êtes un saint homme. L'humilité chrétienne compte nécessairement parmi les innombrables vertus qui vous distinguent.

Or, dans l'hypothèse où la notice que j'ai eu l'honneur de vous consacrer n'aurait pas rendu complétement hommage à votre mérite et serait tombée dans l'exagération du blâme, le sentiment religieux, dont vous êtes si abondamment pourvu, ainsi que la loi dont vous prêchez l'observance devaient vous engager à tendre la seconde joue, si j'avais eu l'indignité de souffleter la première. On est chrétien, monsieur, ou on ne l'est pas.

Donc, votre lettre au *Moniteur du Loiret* me cause une surprise mêlée d'affliction.

Que vous soyez violent, injuste, acrimonieux, dans les questions étrangères à votre personne, et sous prétexte de terrasser les ennemis de la foi, passe encore; mais, lorsqu'une occasion se présente de vous humilier et de prouver à tous que vous êtes sincèrement évangélique, vous avez le plus grand tort de ne la point saisir. Votre devoir, en cette occurrence, était de déposer vos chagrins au pied de la croix et de les offrir à Dieu comme expiation de vos péchés de jeunesse.

Mais non, votre nature agressive l'emporte.

Vous écrivez une lettre où l'aigreur perce à chaque ligne contre la feuille orléanaise et contre monseigneur Dupanloup; vous êtes profondément blessé de voir que le saint évêque, dont j'ai *exploité le témoignage* (pouvais-je choisir une autorité meilleure?), ne lançait pas sur votre criminel biographe les foudres de l'excommunication; vous refusez d'accepter *une réparation insuffisante accordée comme marque de respect à la charité d'un tiers*, et vous protestez contre cette *forme de charité* si peu analogue à celle qui règne dans vos articles.

En vérité, monsieur, le journal qui vous traite de CONDOTTIERE me semble inexcusable.

Sous vos ordres, l'*Univers* combat toujours à armes courtoises; vous n'attaquez jamais personne brutalement et à l'improviste; vous avez des allures extrêmement chevaleresques; on admire votre galanterie pleine de délicatesse pour les femmes, votre respect pour les vieillards, témoin vos insultes à George Sand et à Béranger. La *presse, si utile aux mœurs publiques et si recommandable aux hon-*

nêtes gens, a le plus grand tort de ne pas vous prendre pour modèle.

J'arrive à ce qui me concerne.

D'abord, monsieur, permettez-moi de vous donner un léger démenti. Je n'ai point affirmé que *Louis-Philippe subventionnait* l'UNIVERS. Une telle invraisemblance historique n'est pas permise, et le roi de Juillet tenait trop à ses deniers personnels pour en gratifier un dévouement quelconque; je n'ai pas dit non plus que votre journal *ait été subventionné auparavant par des grandes dames du faubourg Saint-Germain*. Vous m'obligez à rétablir un paragraphe modifié par vous avec un aplomb digne d'une meilleure cause, pour mieux lancer à monseigneur Dupanloup et à la *presse catholique* je ne sais quel trait perfide.

Voici mes propres paroles :

« L'UNIVERS et les DÉBATS passaient

pour être honorés de toutes les confidences et de toutes les sympathies du château. Plusieurs grandes dames fort dévotes et fort riches soutinrent longtemps la feuille religieuse. Elles ne lui donnaient pas moins de soixante mille francs de subvention annuelle. »

C'est là ce que j'ai écrit, et je maintiens le fait. La reine était pieuse; madame Adélaïde possédait un opulent patrimoine.

Selon vous, monsieur, le petit volume qui contient votre histoire est un *amas de diffamations*. L'auteur de ce livre coupable ne mérite pas la *moindre confiance*. Il vous *insulte comme homme de la manière la plus brutale, comme fils de la façon la plus cruelle*.

Voilà des accusations bien graves. Sont-elles fondées? Pas le moins du monde.

Avant tout, monsieur, posons en principe qu'il ne vous appartient pas de rechercher si je mérite ou non la *confiance*. Jamais on n'est juge dans sa propre cause. Vous niez, j'affirme : le public décide qui de vous ou de moi peut être cru.

Quant aux *diffamations*, où les trouvez-vous, de grâce? J'ai dit que vous étiez un triste apôtre; qu'on vous voyait perpétuellement montrer le poing comme un énergumène sur les marches du sanctuaire; que vous lisiez dans votre enfance les romans de Paul de Kock; que vous preniez à Rouen des leçons de savate; que vous aviez eu plusieurs duels; que vous chantiez aux Frères Provençaux des couplets grivois; que vous aviez inséré dans un journal du Périgord des feuilletons passablement scandaleux; que je possédais un autographe inqualifiable revêtu de votre griffe... Eh! monsieur, relisez la vie de saint Augustin! Vous avez imité cet illustre Père de l'Église dans ses égarements, vous l'imitez dans son repentir, et, si quelque jour vous écrivez comme lui vos *confessions,* vous nous en apprendrez bien d'autres.

En quoi, s'il vous plaît, vous ai-je *insulté comme homme?* en parlant de votre laideur? Peu vous importe, si vous avez une belle âme.

L'histoire a dit de Mirabeau qu'il était fort laid. Vous ne tenez pas plus qu'il n'y tenait, j'imagine, à passer à la postérité sous l'emblème d'Antinoüs ou de l'Apollon du Belvédère.

Quant à vous avoir *insulté comme fils de la façon la plus cruelle,* vous n'en pensez pas un mot, je vous le déclare, et j'en appelle à tous ceux qui ont lu votre biographie. Quelque chose est blessé chez vous peut-être; mais ce n'est pas le *sentiment filial,* c'est l'orgueil. Votre mère a pu débiter des canons sur un comptoir de marchand de vins, trinquer et rire avec les mariniers de Bercy, accréditer son commerce par une humeur joviale, sans que votre cœur saigne à ce souvenir évoqué par moi. Vous faites un grand étalage de sensiblerie pour arriver à insinuer que les quatre enfants de madame Veuillot *n'ont jamais rougi d'elle ni de leur nom*, comme un certain *M. Jacquot* (*né à Mirecourt*), qui fait des *écrits pseudonymes*, et qui a un *dossier à la police correctionnelle*.

Oui, charitable monsieur Veuillot, ce *dossier* existe, — Eugène Sue a daigné me le rappeler avant vous par une lettre démocratique et sociale que mes lecteurs connaissent ; — il existe, au plus grand triomphe d'Alexandre Dumas et d'Émile de Girardin.

Je ne vois pas ce qui empêche le rédacteur en chef de l'*Univers* de se joindre à ces deux estimables personnages pour rendre plus complets le DÉSHONNEUR et la HONTE du biographe.

Ceci vous est parfaitement loisible, mon maître.

Puisque je vous ai *diffamé, calomnié*, puisque vous avez subi mes *viles morsures*, allons, courage, un troisième procès! Mais, je le vois, vous craignez de faire mes *affaires* en compromettant les vôtres. Ah! l'opinion publique! vous reculez devant elle, et vous n'avez pas tort. Là est ma force, là est votre condamnation.

Si nous avons à l'avenir quelque nouveau débat, soyez, je vous prie, assez aimable pour ne plus m'accuser de *rougir* de mon nom de famille. Vous êtes chrétien, vous devez avoir le mensonge en haine.

Mon nom, je ne le porte pas en littérature, afin de ne point avoir à le clouer cent fois le jour, à coups d'épée, sur la langue des sots. Comprenez-vous, monsieur? J'ai une mère, aussi *vénérée* que la vôtre, pour le moins, et que les querelles de presse affligent. Le *sentiment filial*, dans lequel vous vous drapez avec tant de pompe, m'a décidé à choisir un pseudonyme; et me prêter une autre intention que celle d'avoir voulu sauver le nom de mon père, — nom respecté dans ma province, nom que je porte avec orgueil partout ailleurs que dans le domaine de la publicité, — des attaques d'un injuste ridicule, serait m'offenser grièvement.

Vous m'avez contraint à cette explication.

Maintenant vous êtes prévenu. Je n'admets en aucune circonstance qu'on se cache sous la robe du jésuite pour acquérir l'impunité de l'insulte.

Revenons à votre biographie.

Monseigneur Dupanloup a raison : Le

REMÈDE AU MAL N'EST POINT LA. Pour vous ramener aux devoirs que la charité chrétienne impose, il faudrait une illumination d'en haut qui vous dessillât les yeux et vous fît sentir combien vos déportements de plume sont scandaleux. « Vous assistez tous les matins à la première messe de votre paroisse, et, le soir, vous traversez les rues endormies en disant votre chapelet. » C'est fort édifiant, monsieur! Mais, pour obtenir du ciel un rayon qui vous éclaire, il faudrait vous livrer peut-être à quelques exercices de pénitence. Réfléchissez-y bien. Vous avez les passions irritables; cette violence de caractère ne sera domptée que par le cilice, le jeûne et la discipline. Priez, pleurez, macérez-vous, et Dieu vous donnera la douceur, la patience, la miséricorde.

Suivez ce conseil, suivez-le sans retard, ou le pape, qui a relevé l'UNIVERS, il y a trois ans, par sa parole *souveraine et sacrée*, finira par s'en repentir. Vous aimez trop la lutte, vous êtes trop hargneux, trop batailleur, pour ne pas devenir un jour hérétique. Vous verrez, monsieur, vous verrez !

En attendant, permettez-moi, puisque vous n'approuvez pas le *pseudonyme*, de signer cette lettre de mon véritable nom :

EUGÈNE JACQUOT.

Pour mes lecteurs, qui en ont l'habitude, je signe, et je continuerai de signer :

EUGÈNE DE MIRECOURT.

HIPPOLYTE CASTILLE

Grâce au mercantilisme qui, dans ce siècle, déshonore les lettres, et grâce aux intrigues coupables des organes de la publicité, beaucoup d'écrivains d'un mérite incontestable ne sont point connus comme ils devraient l'être.

Une fois en possession des livres de trois ou quatre fournisseurs en vogue, chaque libraire ferme systématiquement sa porte, et ne s'inquiète pas s'il repousse un chef-d'œuvre. La juste dispensation de la gloire est très-indifférente à ces marchands de papier noirci qu'on nomme éditeurs; ils vous répondent volontiers comme le consciencieux Émile :

« — Faites signer votre manuscrit ALEXANDRE DUMAS, et nous l'imprimerons. »

C'est donc un parti pris chez nous de venger ceux de nos confrères qui ont été victimes de cet état de choses affligeant.

Sans cesse on nous entendra crier au public: Ne prenez pas ce qu'on vous offre; demandez ce qu'on ne vous offre pas; lisez ensuite, et soyez juge!

Toute la moralité de notre œuvre est là.

Dénoncer les forts qui abusent de leur puissance; tendre aux faibles une main sympathique, et les placer debout, quand ils en sont dignes, au soleil de la renommée, voilà notre tâche.

Nous continuerons de la remplir.

Le héros de cette notice, tant pis pour ceux qui l'ignorent! — est tout simplement un des premiers écrivains de l'époque.

Charles-Hippolyte Castille est né à Montreuil-sur-mer, le 8 novembre 1820.

Son père, le chevalier Castille, officier d'ordonnance de Napoléon le Grand, fut promu au grade de colonel d'artillerie. C'était un militaire de grand mérite : la Restauration le mit en disponibilité.

M. Castille père mourut en 1820 sans avoir vu la fin de sa disgrâce.

Hippolyte commença ses études classiques à l'âge de dix ans. Les Bourbons avaient repris le chemin de l'exil, et le général Lamarque, vieil ami du colonel, venait d'obtenir de la dynastie de Juillet une bourse pour le fils de son ancien compagnon d'armes.

On envoya notre héros au collége de Douai.

Ce collége, ancien couvent des moines d'Enchin, situé près d'une caserne, dans un quartier désert, avait un aspect lugubre. Ses murailles sombres attristèrent le jeune élève. Le souvenir encore plein des cajoleries maternelles, il ne s'habitua point à la rudesse de la discipline.

Des maîtres insensés, plutôt que de recourir au raisonnement avec cette nature souffrante et un peu taciturne, l'exaspérèrent par d'éternelles punitions.

Un chef d'étude cassa le bras à Hippolyte six mois après son entrée au collége.

Cet homme brutal fut chassé; mais le caractère de l'enfant s'était aigri. Tous les chefs d'étude lui semblèrent des monstres, qu'il poursuivit d'une haine implacable. Il organisa contre eux mille et une révoltes, tantôt soufflant un quinquet pour mieux les faire trébucher dans l'ombre contre une ficelle perfide, tantôt fabriquant de petites catapultes, au moyen desquelles il manœuvrait si habilement, en pleine étude, que les malheureux pions recevaient à chaque minute, droit sur le nez, d'énormes pommes de terre crues.

Un rapport du proviseur signala ces nombreux méfaits au ministre et ne mentionna point la fracture du bras, qui, sans autoriser la conduite du jeune élève, pouvait néanmoins lui servir d'excuse.

La bourse fut supprimée; on renvoya notre inventeur de catapultes chez sa mère.

Comprenant un peu tard les dangers de l'indiscipline, Hippolyte dut renoncer à un système de vengeance dont les suites retombaient sur sa famille et sur lui-même.

Il acheva ses classes au collége de Cambrai sous un régime plus paternel.

On nous assure que, pendant son année de rhétorique, il triompha de sa vieille rancune, au point de devenir l'ami d'un jeune maître d'étude, qui avait autrefois connu Alphonse Karr au collége Bourbon, et qui développa chez notre héros l'instinct littéraire en lui prêtant *Sous les Tilleuls.*

Ses classes finies, Hippolyte habita le petit hameau d'Oisy-le-Verger, dans le département du Pas-de-Calais.

Madame Castille y avait une maison de campagne.

Apprenant que son fils voulait se consacrer aux lettres, elle s'effraya des obstacles sans nombre qu'il allait rencontrer sur sa route en suivant une telle vocation.

Pour mieux l'en dissuader, elle le retint près d'elle aussi longtemps que possible.

Le jeune homme mena, quinze mois durant, une de ces existences rêveuses et solitaires que Walter Scott a si admirablement dépeintes. C'était un Waverley mélancolique, blond et pâle, un *gentleman farmer* lettré, rimant le matin, chassant dans le jour, et se grisant le soir.

Mais, fatigué de cette vie où la matière absorbe toujours l'intelligence, il décida madame Castille à le laisser prendre le chemin de la capitale, assurant, pour calmer les craintes maternelles, qu'il accepterait un emploi, en attendant que sa plume lui créât des ressources.

Il partit avec une lettre de recommandation pour M. Mater, député de Bourges[1].

C'était encore un vieil ami du colonel Castille. Son accueil au jeune homme fut rempli de bienveillance. Il le fit entrer presque immédiatement au cabinet du comte Jaubert, ministre des travaux publics.

A dix-neuf ans, Hippolyte était un véri-

[1] Aujourd'hui conseiller à la cour de cassation.

table Adonis, que les bourgeoises anoblies de la cour citoyenne caressaient par de vives œillades; mais, outre le sérieux de son caractère, propre à lui servir d'égide, il avait laissé dans son village un premier amour.

Ces dames en furent pour leurs frais de coquetterie.

Nous avons vu notre héros se révolter au collége contre une domination brutale. Chez le ministre, il ne tarda pas à donner de nouvelles preuves de cette haine du despotisme qui le caractérise.

En étudiant la physionomie d'Hippolyte Castille, on ne devinerait jamais tout ce qu'une tête aussi blonde et aussi douce peut cacher d'énergie, d'orgueil et d'indépendance.

Bien décidé à ne point se laisser traiter en valet par le maître et à ne subir ni la morgue ni les dédains, il se conduisit de manière à se faire mettre à la porte, — toujours comme au collége.

Il ne se rendait jamais au coup de sonnette du ministre.

Quand celui-ci voulait parler à son jeune secrétaire, il fallait qu'il lui expédiât poliment un huissier pour l'inviter à se rendre près de lui.

Le comte ordonnait-il un travail d'une voix trop impérieuse, Castille achevait tranquillement une page du *Margrave des Claires*, nouvelle remarquable qui devait signaler bientôt ses débuts en littérature.

Mais, chose bizarre, on tolérait tout. Plus il déployait de fierté dans son humble sphère, plus il se montrait rogue et désobéissant dans les bureaux, plus on avait pour lui d'indulgence.

Il fréquentait le monde. Ces dames continuaient de lui prodiguer les œillades, les paroles aimables, les sourires, tant enfin que le jeune homme trembla pour son cœur et pour ses serments.

Un beau jour, il prit une résolution extrême.

Des lettres d'Oisy-le-Verger lui annonçant que certaines entraves à ses affections de province n'existaient plus, il demanda un congé au ministre pour aller se marier.

Cela fit scandale.

— Se marier à vingt ans! quelle folie! Jeter en pâture sa jeunesse aux tristes préoccupations du ménage, perdre ses plus beaux jours de bonheur et de liberté!.. c'est impossible!.. Allons donc, vous n'y songez pas! disaient au secrétaire de charmantes danseuses.

— Pardonnez-moi, j'y songe de plus en plus, répondait Castille.

Toutes les représentations échouèrent devant la fermeté de son parti pris.

— Eh! bon Dieu, qu'il s'en aille! donnez-lui un congé! cria la comtesse Jaubert sur un ton d'humeur. Puisqu'il n'écoute rien, laissez-le se mettre la corde au cou!

Madame Jaubert, très-jolie femme de ce temps-là, ne flattait point son sexe en appelant une corde ces deux petits bras potelés, blancs et roses, par lesquels un époux se retient et s'enchaîne.

Castille se maria donc à vingt ans.

De retour à Paris avec sa jeune femme, il trouva le comte Jaubert remplacé par M. Teste. Ce changement de patron ne lui enleva point sa place. Il fut maintenu par le député de Bourges au cabinet du nouveau ministre.

Hippolyte reprit ses fonctions avec répugnance.

La seule crainte d'affliger sa mère l'empêchait de se démettre d'un emploi qui lui enlevait ses heures de travail les plus précieuses.

Cherchant le moyen de s'en aller au plus vite et de rendre, aux yeux de sa famille, son départ plausible, il n'en trouva pas d'autre que d'insérer dans un petit journal d'alors un article révélateur, où il dénonçait courageusement quelques-unes de ces odieuses manœuvres de corruption ministérielle qui ont épouvanté les derniers temps du règne de Louis-Philippe, et qui, plus tard, chacun le sait, devinrent justiciables des tribunaux.

On devine qu'après un tel coup d'audace il ne retourna plus au ministère.

À partir de cette époque, nous le voyons se consacrer exclusivement aux lettres.

Il publie dans le *Commerce* son *Margrave des Claires* et une multitude d'autres nouvelles dont les principales ont pour titre : *Marie dolente*, — *Haute-Fontaine*, — le *Smuggler d'Ambleteuse*, — la *Chasse aux Chimères*, — les *Fils de Mercure*, etc.

Quelques autres journaux lui ouvrent leurs colonnes, et bientôt il compte parmi les plus féconds rédacteurs du *Courrier français*, du *Musée des Familles* et de l'*Artiste*.

Arsène Houssaye, directeur de ce dernier recueil, ayant eu quelques détails biographiques sur notre héros, juge convenable d'inscrire au bas d'un premier article le titre de noblesse du nouveau venu.

Dans un journal qui a des allures aristocratiques, il trouve que cette signature : LE CHEVALIER CASTILLE, sera d'un effet merveilleux.

Prévenu à temps, l'auteur se hâte d'accourir et biffe sa chevalerie sur l'épreuve.

— Mon cher, dit-il à Houssaye, on doit entrer dans la littérature, tout simplement frotté d'huile, comme les lutteurs dans l'arène, et laisser broderies et dignités au vestiaire.

Travaillant nuit et jour, Castille ne sortait que pour porter sa copie à l'impression. La réussite commençait à le payer de son courage, quand tout à coup un grand malheur jeta la désolation dans son existence. Une fièvre typhoïde enleva sa femme et le laissa veuf à l'âge de vingt-deux ans[1].

Le travail lui devint insupportable.

Sa santé s'altéra, et les médecins lui conseillèrent à tout prix les distractions.

Maître d'un léger patrimoine, il se prit à le dissiper avec une mélancolie profonde, et mena la vie élégante, uniquement pour obéir à la Faculté de médecine.

On le rencontrait à Tortoni, sur le bou-

[1] Hippolyte Castille s'est remarié depuis avec la fille d'un ancien officier de l'Empire.

levard de Gand, aux Italiens, dans les avenues du bois de Boulogne ou le long des plages de Trouville.

Un petit groom très-coquet, galonné sur toutes les coutures, le suivait au dehors, et n'oubliait pas de lui demander régulièrement chaque matin :

— Monsieur, quand aurons-nous des chevaux ?

Le maître faisait la sourde oreille et ne répondait jamais à cette question insidieuse.

L'indiscrétion de ces détails blessera peut-être l'auteur de l'*Histoire de la seconde République française*.

Nous en sommes désolé; mais qu'y faire?

Admettre le talent de l'homme, ce n'est pas nous engager le moins du monde à respecter les doctrines démocratiques dont il se proclame aujourd'hui l'apôtre. Nous soupçonnons fortement l'aristocrate d'hier d'avoir glissé jusqu'au républicanisme sur la pente de l'ambition. Qu'il l'ait fait avec naïveté, sans se rendre bien compte de la métamorphose, c'est un malheur pour lui.

La politique est comme l'enfer, elle est pavée de bonnes intentions.

Hippolyte Castille, en 1845, fut choisi par M. Lesseps pour diriger le feuilleton de l'*Esprit public*.

Ses relations avec les premiers écrivains du jour ne lui donnèrent pas une haute idée de la dignité de ces messieurs. On put l'entendre s'écrier avec une certaine amertume :

— Je me trouverais bien à plaindre, si je m'éveillais à quarante ans avec la gloire d'un Dumas[1] ou d'un Eugène Sue!

Ce n'était chez Castille ni forfanterie ni dédain, c'était pur dégoût du mercantilisme.

Ses aspirations commençaient à se tourner ailleurs.

Il questionnait les personnes de sa con-

[1] Dans un procès que le chef de la grande fabrique eut alors, il s'avisa, par un élan de vantardise, de lâcher au tribunal la phrase suivante : « Un jeune homme de relations charmantes, M. Hippolyte Castille, m'a offert *trois francs* la ligne à l'*Esprit public.* » Notre rédacteur en chef du feuilleton démentit le propos. Déjà les administrateurs lui reprochaient de payer trop généreusement ses confrères. Castille avait proposé le prix du *Siècle*, c'est-à-dire *vingt sous* la ligne, et Dumas, ne payant MM. Hippolyte Auger, Maquet, Meurice et autres qu'à raison de *dix centimes*, il avait encore *dix-huit sous* de bénéfice net.

naissance, notamment André de Goy[1], très au courant des choses d'Angleterre, sur lord Normanby, sur M. Disraëli et quelques autres politiques de premier ordre, qui, pour avoir écrit des romans dans leur jeunesse, n'en étaient pas moins devenus des hommes d'État éminents.

Notre héros avait connu au *Courrier français* un économiste distingué, M. Gustave de Molinari.

Ce dernier le mit en relations avec Frédéric Bastiat, Coquelin, Joseph Garnier, le jeune Fonteyreaud, et une quantité d'autres personnages occupés à discuter avec chaleur les hautes questions économiques et sociales qui allaient bouleverser le pays de fond en comble.

[1] Son collaborateur à l'*Esprit public*.

De petites assemblées parlementaires avant la lettre se tenaient chez Castille, rue Saint-Lazare, dans l'ancien hôtel du cardinal Fesch.

Nos lecteurs comprendront pourquoi M. de Molinari fit paraître, en 1847, chez le libraire Guillaumin, un livre d'économie politique sous ce titre, alors inexpliqué, de *Soirées de la rue Saint-Lazare*.

Hippolyte Castille venait, à la même époque, d'achever les *Oiseaux de Proie*[1].

[1] Au mois de juillet dernier, il intenta un procès à M. Dennery, qui lui avait pris son titre. Maître Paillet mourut en plaidant pour l'auteur dramatique contre l'homme de lettres. Le grand avocat ne pouvait perdre sa dernière cause, et Castille fut débouté de ses prétentions. M. Dennery, revenant sur l'arrêt du tribunal, comprit qu'il devait un dédommagement à sa partie adverse. Il proposa à l'auteur des *Oiseaux de proie* d'emprunter à ses ouvrages un autre sujet de pièce, et signa un traité. De pareils faits sont rares chez messieurs du théâtre.

Malgré le retentissement de cette œuvre, où éclatent de grandes qualités de style au milieu de quelques défauts de jeunesse, il s'éloigna de plus en plus chaque jour de la littérature frivole, et ne tarda pas à fonder, avec Molinari et Bastiat, le *Travail intellectuel*, feuille périodique destinée à prêcher l'émancipation des classes qui vivent des produits de la pensée.

Ce journal fut encouragé vivement par Horace Say, Dunoyers de l'Institut, Michel Chevalier et tous les grands économistes.

La Révolution vint surprendre le jeune homme et ses laborieux collaborateurs.

Aussitôt ils fondèrent, sous ce titre, la *République française*, une feuille quotidienne qui se fit remarquer, en ces temps de trouble, par le calme et l'élévation des idées.

Castille abandonnait entièrement pour la politique sa carrière d'homme de lettres.

Il jeta dans cette seconde affaire de presse le reste de sa petite fortune, mais sans obtenir de résultat. La *République française* cessa de paraître devant les exigences du cautionnement.

Le groupe économiste dut se diviser.

Frédéric Bastiat prit place à l'Assemblée constituante, où l'appelaient son noble caractère et ses talents. Molinari voua sa plume au service du parti de l'ordre [1], et

[1] Il devint un des principaux rédacteurs de la *Patrie.*

Castille, croyant obéir à des instincts de réformateur, jeta sa vie en pâture à l'ogre populaire.

Son ambition, comme nous l'avons déjà dit, le trompait lui-même; elle se glissait dans son âme sous le manteau du dévouement et du sacrifice.

Il brava les périls de ce qu'on nomme la politique active, et se lança, comme un hardi plongeur, au fond des noirs abîmes.

Nous le retrouvons, en 1848, à la tête d'un des plus populeux arrondissements de Paris [1], présidant les réunions électorales, faisant partie des *Conclaves*, collaborant tour à tour à la *Révolution démocratique et sociale* du sieur Delescluze et

[1] Le 6e.

à la *Tribune des peuples* dirigée par le célèbre Mickievicz.

Sur ce théâtre, si peu en rapport avec les habitudes de son passé, l'élégant jeune homme de la Chaussée-d'Antin conquit à l'instant même la confiance du peuple.

Il se fit adorer des ouvriers, devint pour eux une sorte d'avocat consultant, soigna leurs intérêts, apaisa leurs chicanes, et remplit, comme il l'avoua lui-même plus tard [1], une mission qui eût exigé au préalable vingt mille livres de rente.

Castille avait voulu voir et connaître; il vit et il connut, mais en apprenant ce qu'il en coûte.

Du reste, on peut affirmer que, dans cette périlleuse étude, il ne perdit rien de

[1] Dans son livre qui a pour titre *Lucien Bruno.*

lui-même. Il supporta la misère et la démagogie avec le plus inaltérable dandysme:

A cette époque il avait transporté ses pénates au boulevard du Temple, consacrant ses dernières ressources au triomphe de la cause démocratique et travaillant gratis au journal la *Révolution*.

Cette vie était accompagnée de grandes souffrances et de singulières amertumes.

La démocratie a cela de désolant pour les gens de cœur, que la diffamation s'y érige en système et que les républicains se jettent de la boue entre eux avec une infatigable persistance.

« Quand on veut remonter à la source de la calomnie, on ne trouve personne à mettre au bout d'une épée, dit M. Castille, et l'honneur d'un galant homme devient le jouet d'une foule de lâches, d'impuissants et de jaloux [1]. »

De tels aveux sont bons à enregistrer.

« Il me semblait, dit-il encore, que le spectre de mon père se penchait derrière moi, couvert de ses armes étincelantes et de ses vêtements brodés d'or, et qu'il me disait ironiquement :

« Belles mœurs, dans ce monde-là! »

Quelle déception nouvelle éprouva le jeune homme? A quel danger dut-il se soustraire? Quels engagements prit-il avec les républicains que ceux-ci ne crurent pas devoir remplir? Nous trouverons peut-être le mot de l'énigme dans certains passages de *Lucien Bruno*.

[1] *Scènes de la vie réelle*, page 279. Nous parlerons plus loin de cet ouvrage.

Toujours est-il que notre dandy démocrate disparut brusquement des assemblées populaires.

Il quitta Paris et se réfugia au petit hameau Saint-James, près de la porte de Madrid, derrière le bois de Boulogne.

Les ouvriers du sixième et du huitième arrondissement vinrent, à deux reprises différentes et par petits groupes, le visiter dans sa solitude. L'ermite de Saint-James les reçut l'œil humide, et leur fit comprendre que toutes relations étaient rompues entre lui et les compagnonnages des faubourgs.

Castille se mourait de ce qu'il avait vu. Pendant six mois il fut dans l'état d'un homme qui s'éteint.

Probablement il reconnut, pour l'heure,

l'impossibilité des révolutions honnêtes. Il ne poussa pas l'ambition, comme tant d'autres, jusqu'à vouloir la satisfaire à tout prix, fût-ce au milieu des ruines.

Déplorant l'ignorance et le peu de maturité du peuple, il conserve néanmoins pour lui des tendresses extrêmes, et presque toujours il lui arrive de clore les discussions politiques par ces mots :

« Messieurs, je suis du parti des pauvres. »

Après deux ans de retraite, Hippolite Castille regagna Paris. Il y revint transfiguré, ayant accompli son évolution laborieuse de la littérature à la politique.

La *Revue de Paris* publia du jeune auteur quelques articles remarquables sur la *propriété intellectuelle*, sorte de point de suture qui lui servit à renoüer 1847 à 1852. Puis tout à coup la presse entière s'émut à l'apparition d'un pamphlet incisif et mordant qui a pour titre : Les *Hommes et les Mœurs en France sous le règne de Louis-Philippe.*

Comme nous, Hippolyte Castille ose écrire l'histoire vivante; il a, comme nous, le courage de la vérité ; comme nous, encore, il soulève d'irréconciliables haines.

Qu'importe? Une œuvre énergique et sincère fait toujours son chemin.

Ce livre des *Hommes et des Mœurs* est écrit avec une verve franchement gauloise, avec un style cavalier qui galope sans gêne en administrant des ruades. Que de vieux loups politiques en ont reçu d'une page à l'autre, et s'en sont allés la mâchoire saignante !.

Hippolyte Castille frappe droit au défaut de la cuirasse.

Il a le coup d'œil sûr et la main ferme. Son trait de satire est plus qu'un aiguillon, c'est une épée. D'un seul mot, d'une seule phrase, il peint un caractère.

« Cet homme est une apparence, » a-t-il dit en parlant de Guizot.

« M. Thiers de Santillane, Panurge politique, » ne se trouve pas ressemblant sur les pages qui lui sont consacrées dans les *Hommes et les Mœurs;* mais le public est d'un avis contraire.

« Le petit Rémusat, dit Castille, me fait l'effet d'une dévote égrillarde ou d'une femme galante transformée en dame de charité. »

Notre auteur a cela de bon qu'il ne ménage pas les hommes de son parti. Jamais les démagogues ne pourront digérer ces trois phrases :

« Carrel fut républicain par orgueil. »

« Léon Faucher, ministre bilieux, se vengeait sur ses administrés de son mauvais tempérament. »

« Sauf la pipe et les opinions, Flocon n'était qu'un doctrinaire. »

Plus d'une fois nous avons emprunté des citations à Hippolyte Castille. Tout récemment encore on a vu le passage aussi vif qu'original avec lequel il soufflette ce chrétien douteux qui rédige l'*Univers*.

Mais nous avons oublié de reproduire le mot le plus caractéristique et le plus profond.

« Quand Louis Veuillot parle de Dieu,

dit l'auteur des *Hommes et des Mœurs*, il n'a plus de talent. »

Vers la même époque, Hippolyte Castille publia *Lucien Bruno*[1], œuvre où son talent brille sous une face nouvelle, et où se rencontrent les nuances de sentiment les plus exquises.

En vérité, c'est un beau livre tout rempli d'élans du cœur, de franchise et de larmes.

Or nous soupçonnons Castille d'avoir écrit là toute son histoire.

Ne serait-ce point à lui qu'une certaine madame du Rouvray (type ressemblant

[1] Sous ce titre général, *Scènes de la vie réelle*, on vient de réimprimer *Lucien Bruno* et trois autres études curieuses d'Hippolyte Castille : *Histoires de ménage*, — le *Champ de pierre* et les *Mémoires d'un Aveugle-né*.

trait pour trait à la comtesse de Liéven) adresse les paroles suivantes?

« Vos convictions ne reposent que sur des illusions. Il ne suffit pas de posséder la foi et de savoir par cœur quelques axiomes d'équité naturelle, qu'aucun homme éclairé ne conteste; il faut savoir comment vont les affaires de ce monde, et vous l'ignorez complétement. Il faut connaître les partis; vous vous trompez sur chacun d'eux, notamment sur le vôtre. Vous frayez avec le peuple, vous le jugez foncièrement mal. Vous le croyez révolutionnaire, il ne l'est pas. C'est dans les aristocraties seulement que se recrutent les révolutionnaires. Voyez l'histoire. En allant prendre ses chefs dans les sphères supérieures, le peuple est d'accord avec la logique. Mais cet accord cesse quand, affectant le dédain des habits noirs, il prétend s'attribuer un rôle dont il n'a ni les qualités ni les vices. Je ne vous défends pas d'être révolutionnaire; Louis XI, Machiavel, Richelieu, Pierre le Grand, l'ont été avant vous. Bien d'autres, que vous ne soupçonnez pas, tant le préjugé vous aveugle, le sont autour de vous. Je ne vous défends pas même d'être un héros et de mourir pour l'idée; mais il faut vivre et mourir grandement. Aimez le peuple, c'est bien; aimez-le pour sa laideur, pour sa misère, pour son ignorance; faites tout pour l'émanciper, le racheter; créez, si vous le pouvez, une nation divine; en un mot, soyez son bienfaiteur, et non pas son valet!

« — Cependant, répondit Lucien, ce peuple, que vous traitez en mineur, est votre maître à tous. Le peuple, c'est tout le monde, c'est la majorité; il est votre souverain.

« — Lui, le pauvre enfant! Il vous l'a dit, et vous le croyez. Gardez-vous bien de vous laisser gouverner par le peuple ignorant : il vous renierait demain; il ferait mentir vos doctrines; il s'engouerait du premier venu, en dépit de la justice et de la raison, et vous prouverait qu'il n'entend pas même ses propres intérêts. Il faut pourtant compter avec lui, me direz-vous : sans doute, comme le navire compte avec le vent, en le domptant.

« — Quelquefois sous le vent le navire sombre.

« — Qu'est-ce que cela prouve? Le beau triomphe, que celui de l'élément brutal contre la science et le courage! Quelle conclusion morale tirer de là? Sans doute, le peuple, comme certains éléments, semble doué d'une vie propre. L'Océan aussi semble s'agiter de lui-même. Otez l'influence de la lune, plus de flux ni de reflux. C'est ainsi que les astres supérieurs de l'intelligence humaine communiquent le mouvement aux masses. La multitude ou la collectivité est inconsciencieuse; aussi serait-il insensé de lui reprocher ses crimes; mais il faudrait être bien peu ami de l'humanité pour l'abandonner à elle-même et se laisser diriger par elle. Non, non, monsieur Lucien, les majorités ne gouvernent pas; gardez-vous d'en douter! M. de Voltaire disait: « La France, c'est « sept ou huit cents personnes. » Il était bien généreux, et, pour ma part, je n'en accorde pas autant au monde tout entier. »

Que dites-vous, lecteurs, d'un démocrate assez sincère pour imprimer de semblables ripostes, à la suite de sa profession de foi ?

Plus loin, Lucien-Castille, jeté par ses rêves ambitieux au sein des cohortes populaires, nous rend compte des angoisses et des tristes désappointements que lui fit éprouver la politique de carrefour.

Écoutons-le, c'est toujours lui qui parle.

« Un moyen de solution se présenta. Quelque détestable qu'il fût, je n'eus pas le droit de le rejeter. On avait disposé de moi sans mon consentement. Une députation d'impatients vint me trouver et me dit :

« — Nous comptons sur vous depuis la

Bastille jusqu'au Château-d'Eau. Le peuple a résolu de marcher.

« — Dans combien de temps?

« — Dans trois jours.

« — Je suis lié à vous, répliquai-je, par trop d'actes antérieurs pour vous refuser même le sacrifice de ma vie. Ma personne est donc à vous; comptez sur moi, quoi qu'il arrive. Je suis prêt à partager vos fautes, je le répète, mais non pas à vous les dissimuler. Vous choisissez pour renverser le pouvoir un moment détestable. On ne fait pas des révolutions tous les jours. L'art du politique est de les voir venir et de distinguer les véritables des fausses. Les révolutions, comme les orages, ont besoin de la conflagration de certains éléments pour éclater. N'oubliez point qu'on ne fait pas les révolutions; elles se font. Je vous engage à réfléchir!

« J'insistai longtemps encore par divers arguments tirés de la situation : tout fut inutile.

« — Nos réflexions sont faites, répliquèrent-ils. Le peuple veut se lever.

« — S'il en est ainsi, je n'ai rien à ajouter, vous avez ma parole ; je me lave les mains de ce qui va s'accomplir, mais je serai fidèle à ma promesse.

« Ils me laissèrent en proie à une agitation difficile à décrire. J'avais bien prévu le cas où il faudrait risquer ma tête sur le coup de dé d'une révolution, mais non point une éventualité qui ne laissait entrevoir aucune chance de succès. J'en éprouvai une amère tristesse. Dieu sait que je ne regrettais point une existence dont je ne connaissais que les ennuis et les privations; mais il m'en coûtait de partir en laissant ma tâche inachevée.

« Après mes regrets personnels, j'eus à en essuyer d'autres.

« Je crus de mon devoir d'avertir ma mère, afin de la préparer à tout événement. Cette explication donna lieu à une scène déchirante. La pauvre femme s'arrachait les cheveux et suppliait qu'on lui ôtât la vie plutôt que de lui prendre son fils.

« — Ayez pitié de moi, mon Dieu! s'écriait-elle. J'ai tout perdu, fortune, distinctions, plaisirs. Mon mari est mort, mes frères et mes sœurs sont morts; je n'ai plus que mon fils; laissez-le-moi, mon

Dieu! Pour quelques jours qui me restent à vivre, dois-je encore être si cruellement éprouvée? Je ne sais point qui a tort ou raison; que m'importe, à moi, ce qui se passe en haut, pourvu qu'on me laisse mon fils? Lucien, tu ne sortiras pas, je ne veux pas que tu sortes. Cette fois, on te ramènerait mort; car, si tu y vas, tu mourras, quelque chose me le dit... Tu mourras!

« — Eh bien, ma mère, répondis-je avec douceur, dois-je préférer le déshonneur à la mort? Sont-ce là les leçons que mon père m'a léguées? Mon père manquait-il à la foi jurée?

« — Jamais!

« — Son fils doit-il semer la honte sur sa tombe? Ne suis-je pas engagé envers le peuple? n'ai-je pas donné ma parole?

« — Sans doute. Et tu n'y manqueras pas, Lucien. J'aimerais mieux te savoir mort que déshonoré!... Mais, mon fils! mon fils!

« Ses larmes redoublèrent; à la fin, elle me dit :

« — Je sais bien que tout cela est inutile. Tu iras, il le faut; tu le dois. L'honneur avant toute chose. Mais, pendant le combat, pense à moi, mon fils; si tu meurs, je meurs!

« Elle n'en put dire davantage. Ému jusqu'au fond de l'âme, j'eus bien de la peine à dissimuler mon trouble. Je pressai la sainte femme contre mon cœur et je baisai ses cheveux blancs.

« J'aurais voulu que le peuple tout entier fût témoin de ce pacte de famille, et pût constater combien il en coûte de servir sa cause, lui qui est si enclin à oublier ses chefs et à les abandonner au bourreau ou à la prison. »

Tout était convenu; le lendemain, aux premières lueurs du jour, la horde insurgée devait être sur le boulevard, à la porte de la maison du jeune chef.

Lucien prépara ses armes.

« Je me couchai le cœur triste, dit-il, l'âme inquiète. Je dormis peu. Plusieurs fois je m'éveillai pendant la nuit. Je me levais et j'allais à la fenêtre jeter un coup d'œil sur les boulevards. La lune les baignait de sa lumière douce et mélancolique; jamais je ne les avais vus plus calmes. Je soupirai en songeant que demain le sang rougirait ces pavés blanchis, et que la fusillade réveillerait dans la douleur et l'effroi cette grande famille humaine.

« Au point du jour je m'habillai à la hâte, j'ouvris ma fenêtre et je jetai un rapide regard sur toute la ligne des boulevards. De rares passants la sillonnaient. Les ouvriers se rendaient à leur travail, les boutiques s'ouvraient lentement. Un rayon de soleil perçait la brume. Les cloches sonnaient la première messe.

« — Les imprudents! pensais-je, il y a longtemps que nous devrions être en marche!

« Mon cœur battait d'impatience. Les heures s'écoulaient, j'usais mes yeux à regarder, je ne découvrais aucun symptôme d'insurrection. A dix heures, je sortis, fort mécontent d'avoir été inutilement compromis, la police ne pouvant manquer de connaître nos projets avortés.

« Je rencontrai Aubry [1]; il avait l'air de très-mauvaise humeur.

« — Nous n'étions pas vingt au rendez-vous, me dit-il; c'est incroyable. A les entendre hier... Enfin, c'est partie remise. Le peuple a ses heures.

« Je rentrai chez moi et je remis mon fusil à son clou.

« — Te voilà donc, me dis-je ironiquement, général sans soldats!

« La joie de ma mère ne put dissiper mon dépit. J'étais furieux d'avoir inutilement éprouvé toutes les affres d'une bataille que je prévoyais devoir être une bou-

[1] Ouvrier mécanicien qui joue un grand rôle dans l'histoire de Lucien Bruno.

cherie. Oubliant la non-individualité du peuple, j'éprouvais contre lui la colère que l'on ressent contre un homme.

« — Maintenant te voilà délié, me dit ma mère.

« — Oh ! pour cela, oui, répliquai-je ; ce n'est pas moi qui maintenant céderai à d'aussi vaines sollicitations ! »

L'auteur transporte la scène de son récit en juillet 1830, afin de nous dérouter sur la véritable date des faits qu'il raconte.

Mais n'est-il pas de toute évidence qu'il s'agit de la Révolution de février ? Dans ce long épisode que nous venons de reproduire, on reconnaît, à ne s'y point méprendre, la bataille manquée qui devait se livrer, en 1850, à propos de la loi du 31 mai.

Au lieu de la *mère* du jeune démocrate, écrivez *sa femme*, et tout sera de l'histoire.

Hippolyte Castille, renonçant aux révolutions de la rue, fut attiré, quelque temps après avoir quitté sa retraite, à la Société des gens de lettres, qui véritablement avait plus besoin que l'État d'une réforme complète.

Élu par l'assemblée générale, il devint membre du comité.

Deux ans il fut notre collègue, et nous avons pu le voir à l'œuvre.

Si l'institution n'est pas établie sur des bases plus solides et ne fonctionne pas mieux à l'heure présente, ce n'est point la faute de notre héros.

Avec le génie révolutionnaire il possède un véritable talent d'organisation.

Les anciennes thèses sur l'émancipation intellectuelle, le travail en commun et la propriété de la pensée trouvaient là matière à développement. Il exhortait ses collègues à demander l'abolition des monopoles et des restrictions fiscales qui pèsent sur la presse.

Le moment n'était pas favorable.

Messieurs du palais Bourbon, jugeant à propos d'achever la ruine de la littérature, dont le premier jour de la République avait donné le signal, s'étaient avisés de nous jeter à la tête, comme un autre pavé de l'ours, le fameux amendement Riancey[1].

[1] M. de Riancey demanda qu'on imposât le timbre aux romans-feuilletons, et décida ainsi les journaux à ne plus ouvrir leurs colonnes qu'aux œuvres d'Alexandre Dumas, de madame Sand et d'Eugène Sue. La morale publique y gagna beaucoup.

Comme on peut le croire, cela causait grand émoi au cénacle de la cité Trévise. La caisse de secours était vide, et des centaines d'écrivains tombaient dans une gêne profonde.

— Rassurez-vous, dit Castille à ses collègues : cette loi ne vivra que ce que vivent les insectes.

L'événement justifia la prédiction.

Castille, pendant ses deux années d'exercice, obtint la réforme de plusieurs abus, qu'on eut soin de rétablir immédiatement après son départ. Il cessa d'être dignitaire en vertu de la loi du sort, et juste au moment où le docteur Véron, doublé de l'honnête Jules Lecomte, faisait au comité son entrée triomphale.

Vraiment la Société des gens de lettres

a d'affligeants destins, et la chance de ce diable de docteur est extrême.

Nous aurions voulu voir sa figure en présence du jeune écrivain qui a tracé de lui le portrait qui va suivre :

« Ainsi que Bouret, M. Véron appartient à l'histoire. Il est plus intéressant que Bouret, plus honnête homme que Bouret, qui est un plat coquin; mais Bouret a plus de génie. Le docteur Véron est un type héroï-comique. Il y a en lui du Sancho Pança et du Sganarelle. Il a l'embonpoint et le bon sens de Sancho, il en a aussi la naïveté crédule. Il est moraliste et sermonneur à la manière de Sganarelle. « Ah! monsieur, quelle vie nous menons! » Et, après avoir mené cette vie-là, comme le valet de don Juan, il pense à faire son salut. Sa personne tout entière respire un parfum de la comédie du bon temps. Il a volé son caractère à Molière, il lui a volé jusqu'à son ventre, son allure, ses traits. S'il n'était pas aussi profondément mêlé aux affaires politiques, industrielles et littéraires de ce temps, on le prendrait pour quelque personnage oublié par le dix-septième ou le dix-huitième siècle. Il complète la comédie du règne de Louis-Philippe. Il y introduit l'élément bouffon, partie essentielle de l'art moderne. Il égaye d'un reflet particulier une époque vouée au deuil, à l'inquiétude et au désespoir:

« J'ai vu un croquis de M. Dantan jeune qui représente le docteur Véron avec tant de vérité, qu'au premier coup d'œil je reconnus l'original dans la rue.

La caricature de M. Dantan vous montre un gros et grand corps armé d'un côté d'une seringue; de l'autre d'une boîte de pâte de Regnault. Ce torse, contourné par les effets de l'ostentation, est surmonté d'un chapeau à grands bords, d'un petit nez, de deux énormes joues et d'une monstrueuse cravate.

« On a fait une foule de méchants contes sur cette cravate. La satire perd à se matérialiser ainsi.

« Les mystères de la cravate du docteur appartiennent à un ordre purement métaphysique. Cette cravate est un trait de caractère général. Si je ne craignais qu'on se méprît sur la gravité de mes intentions, je dirais qu'elle atteint à la hauteur d'un symbole.

« A Dieu ne plaise que je veuille établir le moindre rapprochement entre M. le docteur Véron et Robert Macaire; mais je désire faire observer à mon lecteur que ce type brutal sur lequel s'est épuisé tout l'esprit des dernières années du règne de la bourgeoisie, que ce monstre dans lequel on a réuni, comme Richardson dans Lovelace, tous les vices d'une époque et d'un peuple, Robert-Macaire a, lui aussi, une énorme cravate. La cravate devient ainsi quelque chose comme un drapeau, un insigne, une marque d'origine. Mais où elle devient tout à fait un symbole, c'est lorsqu'elle se dégage des temps et des circonstances, comme au cou de M. de Talleyrand. Cette énorme cravate me produit l'effet d'un sac rempli de malice. Elle est grosse d'importance et de mensonge. Au besoin elle sert à dissimuler un pli moqueur de la lèvre. Elle trahit le puffiste comme la queue le renard, ou l'oreille l'âne. Le caractère du docteur n'eût pas été complet sans cette cravate.

« M. Véron a donné lieu à tant de plaisanteries, qu'il est difficile d'en parler sérieusement. Il n'y a de sérieux en lui que sa fortune. Le reste appartient à la fantaisie et à l'hyperbole[1]. »

Le jour où la *Revue de Paris* présenta ce croquis délicieux à ses lecteurs, Gérard de Nerval courut au divan de la rue Lepelletier, rendez-vous habituel de la littérature militante, et cria de toutes ses forces:

« Messieurs, réjouissons-nous ; voici l'ancien pamphlet ressuscité ! »

[1] Les *Hommes et les Mœurs*, page 361 et suivantes.

On s'arracha le numéro de la *Revue*. Lecture faite, chacun fut de l'avis de Gérard.

. . . .

Hippolyte Castille composa, de 1848 à 1850, nombre d'articles pour certaines feuilles hebdomadaires, notamment pour la *Semaine*, où il fit paraître une série d'études sur les auteurs contemporains.

« Si l'enfer du Dante existe, insinue-t-il quelque part, Auguste Maquet y rongera pendant l'éternité tout entière le crâne d'Alexandre Dumas. »

L'article consacré à Balzac valut à son auteur une réponse du grand romancier.

Castille eut la gloire de faire sortir de ses habitudes le père d'*Eugénie Grandet*, qui, d'ordinaire, ne s'inquiétait en aucune sorte de ce qu'on pouvait écrire sur lui.

Nous arrivons à l'œuvre la plus importante de notre héros.

On devine que nous parlons de l'*Histoire de la seconde République française*. Nous avons sérieusement approfondi cette œuvre, et nous trouvons que jamais historien n'eut une verve aussi franche, aussi passionnée, aussi sincère, aussi sympathique et aussi irritante.

Si de semblables épithètes hurlent de se voir accolées, il faut pourtant bien qu'elles s'y résignent[1].

[1] « La formule sacramentelle de toutes les préfaces d'historiens, dit M. Castille, consiste dans un serment d'impartialité. Certain que l'impartialité n'est qu'un masque ou un non-sens, je me retranche dans la sincérité. Je ne dois de respect qu'aux faits, qu'à l'histoire, et je repousse avec horreur cet impudent éclectisme qui consiste à caresser toutes les opinions sous prétexte d'équité. » Voilà du moins une profession de foi qui est nette. On sait à quoi s'en tenir.

Après avoir parcouru ces quatre volumes et les avoir fouillés à l'aide du scalpel de l'analyse, nous sommes loin d'être avec l'auteur en parfait accord de principes.

Il nous heurte à chaque page dans nos opinions et nous blesse dans nos croyances.

M. Castille est de l'étoffe dont on fait les hommes d'État; mais il serait déplorable qu'il le devînt sans avoir préalablement changé de doctrines.

Au pouvoir, il daignerait conserver la religion comme simple cheville politique, voilà tout.

Pour maintenir le principe d'autorité, le moyen le plus victorieux et le plus sûr lui paraît être la Terreur. Il donne la main à Robespierre dans le passé, à Blanqui dans l'avenir. Sa logique et son style ont quelque chose de sec et d'aigu qui sent le couperet.

Cet historien blond nous tient des raisonnements à la Saint-Just, et voilà ce que nous appelons dans son livre la partie irritante...

En y réfléchissant toutefois, M. Castille pourrait bien être un fin diplomate qui s'affuble de la peau du tigre en guise d'épouvantail.

N'exagère-t-il pas le principe à gauche pour qu'on lui en montre, à droite, l'application possible sans la guillotine et sans Robespierre?

Quoi qu'il en soit, ces exagérations ne sont dangereuses pour personne, et le livre du jeune historien renferme à côté de cela des pages d'une haute moralité, des aperçus profonds, des enseignements lumineux.

Hippolyte Castille se plonge avec intrépidité dans le chaos révolutionnaire de 1848, et y jette un *Fiat lux* terrible.

Les ambitieux ignobles, les stupides législateurs de cette époque insolente, démasqués en pleine lumière, se sauvent confondus, et rentrent au néant d'où ils n'auraient jamais dû sortir.

M. Ulric Guttinguer, le vénérable critique de la *Gazette de France*[1], ajoute après nous :

« Ce ne sont pas seulement les hommes que M. Hippolyte Castille peint en traits

[1] Il est âgé de soixante-quinze ans.

si vifs et si vrais, ce sont encore les choses, les événements, la Révolution elle-même. La pensée est chez lui d'une richesse, d'une variété, d'une abondance intarissables. Cet écrivain nous semble providentiel en ce moment. Vif, ardent, toujours pur et correct, même dans ses plus grandes témérités, il sera lu par la jeunesse, à laquelle nous ne saurions trop le recommander, et il lui fera du bien. Avec lui elle descendra jusqu'au fond de la caverne; elle sortira de la demeure du sphinx instruite des causes du mal. »

En politique, comme dans la littérature et dans les arts, il y a des personnages que la presse éclaire de tous ses rayons, et d'autres qu'elle s'obstine à laisser dans l'ombre.

On ne se fait pas d'idée de la puissance

de cette tactique indigne qui consiste à étouffer un homme de talent, jusqu'à ce que ce talent fasse explosion comme une chaudière trop comprimée.

En dehors des entraves fiscales et administratives, la presse, à Paris, grâce aux capitaux énormes qu'exige la fondation d'un journal, constitue un véritable monopole, le plus odieux de tous, le monopole de la publicité, c'est-à-dire de l'opinion publique. Elle ne saurait dispenser le talent à qui n'en a pas, mais il lui est loisible de donner de la notoriété aux sots, aux charlatans, et de faire le vide autour du génie.

La presse parisienne ne pardonne pas à Hippolyte Castille d'avoir jeté au vent la plume du romancier, pour saisir d'une main ferme celle du publiciste et de l'historien.

Ne pouvant contester la valeur de l'homme, elle l'étouffe.

Après la publication des articles insérés par la *Revue de Paris*, sur MM. Thiers et Guizot, et signés Castille, la *Revue des Deux Mondes* prit l'alarme.

Un conciliabule s'assembla.

Buloz demandait la tête de notre héros, et l'on allait prendre la résolution de foudroyer l'audacieux qui osait toucher aux réputations consacrées, quand tout à coup un malin de la compagnie s'écria :

— Messieurs, le moyen héroïque, c'est le silence.

On applaudit, et le mot d'ordre fut colporté sans retard.

L'éditeur des *Hommes et des Mœurs* distribua vainement aux journaux quarante ou cinquante exemplaires de l'ouvrage; personne n'en rendit compte.

Arnoult Frémy s'étant offert pour le critiquer dans l'*Illustration*, M. Paulin répondit :

— Il ne sera parlé de ce livre ni en bien ni en mal.

Telle était la formule de cette conspiration du silence. Le mot d'ordre passa jusqu'aux libraires. On entrava par tous les moyens possibles la vente du volume, et pourtant il n'offensait ni les lois établies, ni la religion, ni les mœurs.

Mais c'était un livre de *bonne foy*, comme dit Montaigne, « un livre où les vivants étaient traités comme des morts, » suivant l'expression du jeune auteur lui-même.

Ce silence était d'autant plus incompréhensible, que l'ouvrage causait de l'émotion dans le monde.

La *Revue de Paris* reçut plus de deux cents lettres.

Il circulait des anecdotes singulières. On assurait que M. de Rémusat avait pleuré en voyant sa silhouette. On disait aussi qu'Hippolyte Castille s'était rallié au gouvernement et qu'un poste considérable allait lui être confié, bruit absurde qui s'accrédita dans les lettres, et qui subsiste encore aujourd'hui, bien qu'il n'ait pas l'ombre de vraisemblance et de sens commun.

Le monde est un vaste enchaînement de complicités. On ne s'imagine pas à quel péril s'expose l'homme courageux et plein de franchise qui se place, comme l'a fait notre héros, en dehors du cercle de ces complicités. L'*Histoire de Dix Ans*, de M. Louis Blanc, a eu cet avantage immense que l'auteur fut le complice des célébrités du parti républicain et du parti légitimiste combinés. Il flatta leurs passions et servit leur haine. Hippolyte Castille, ayant voulu au contraire *liquider* les vieux partis et ouvrir des voies nouvelles, eut contre lui toutes les phalanges. Grâce à la conspiration du silence, la jeunesse l'ignora et ne put lui venir en aide par le concours de ses sympathies.

On voit comment un écrivain digne d'être connu peut rester dans l'ombre, faute de lumière.

Et, si les faits que nous rapportons

trouvent des incrédules, il suffira pour les convaincre d'établir un simple parallèle.

Tous les jours on rend compte d'un bouquet à Chloris ou d'un fade roman.

D'où vient que les *Hommes et les Mœurs* n'aient pas trouvé un seul juge ? Pourquoi l'*Histoire de la seconde République* n'a-t-elle point été soumise à la critique des grands journaux? Ont-ils le droit de dissimuler à leurs lecteurs un fait aussi grave que la publication d'un livre destiné à fournir des documents aux annales contemporaines [1] ?

[1] Lorsqu'on mit en vente le premier volume de l'*Histoire de la seconde République*, la conspiration du silence fut un moment brisée : le *Siècle* et la *Presse* parlèrent. Le doux Pelletan distilla du fiel; le petit Paulin Limayrac escamota la pensée de l'auteur et laissa traîtreusement dix-huit jours en portefeuille la réponse de Castille, afin de lui ôter, par cette coqui-

Pour ne parler que des cinq grandes feuilles périodiques et de la principale *Revue*, la France ne trouve-t-elle pas étrange que MM. Bertin, de Girardin, Césena, Havin, Cohen et Buloz soient les uniques dispensateurs de la gloire, les directeurs exclusifs de l'opinion?

Ces messieurs tiennent, comme Éole, les outres de la tempête, des zéphyrs ou calme plat.

Nous regardons ceci comme une chose inique et déplorable.

nerie, le mérite d'une réplique immédiate. N'importe, le débat s'ouvrait, et le public allait en être juge, quand un *Quos ego*, parti on ne sait d'où, fit taire les deux bavards qui violaient la consigne. Tout rentra dans l'inviolable silence du commencement. Les *Débats*, le *Pays*, la *Revue des Deux Mondes*, n'avaient point parlé. Le *Constitutionnel* alla plus loin; il refusa les annonces payantes. C'était pousser le pacte jusqu'à l'héroïsme.

Et voilà pourquoi nous jugeons à propos, dans ce petit livre, de faire à M. Hippolyte Castille réparation solennelle, au nom de la conscience publique.

Le jeune écrivain, du reste, n'a pas un seul instant perdu courage.

Il vit dans son modeste et discret intérieur, entre une femme qu'il aime et une charmante fille, dont le sourire éclaire son âme et lui tient lieu du plus doux rayon de l'espérance.

Castille travaille quatorze heures par jour.

Régulier dans sa conduite, sobre comme un chartreux, ne connaissant ni les folles dépenses, ni les dettes, il puise toute sa force dans la pureté de sa vie. C'est un écrivain méthodique, inflexible, poussant jusqu'à l'orgueil la dignité de ses mœurs et le sentiment de sa valeur.

Il est dans la situation d'un homme qui, n'ayant rien sur lui de combustible, pourrait entrer impunément dans une fournaise.

FIN.

.. Que faire à cela, monsieur, sinon éclairer encore, éclairer toujours. La France a des aspirations au dessus de ses moeurs ; là est le secret de ses fautes.

Heureusement ici le peuple, soldat, ouvrier, sauve tout. Il y a des jours où la plèbe en habit noir du boulevard Italien fait regretter la plèbe en haillons du faubourg St. Marceau. Ce sont les jours néfastes où les malheurs de la patrie font hausser les fonds à la bourse ; on se souvient du peuple alors.

Adieu, monsieur, aimons toujours, étudions et méditons, afin de ne pas rester imbéciles et surpris devant les faits.

Ney

Paris 10 janvier 1854

www.ingramcontent.com/pod-product-compliance
Lightning Source LLC
LaVergne TN
LVHW050635090426
835512LV00007B/861

* 9 7 8 2 0 1 1 8 7 8 5 0 2 *